Wai Dan Gong

Hartmut von Czapski

FSC
www.fsc.org

MIX

Papier aus ver-
antwortungsvollen
Quellen
Paper from
responsible sources

FSC® C105338

Wai Dan Gong

Hartmut von Czapski

Fotografien Ellen und Hartmut von Czapski

Impressum

Bibliografische Information der Deutschen Nationalbibliothek:
Die Deutsche Nationalbibliothek verzeichnet diese Publikation in der Deutschen
Nationalbibliografie; detaillierte bibliografische Daten sind im Internet über
http://dnb.dnb.de abrufbar.

© 2020 Hartmut von Czapski

Fotografien Ellen und Hartmut von Czapski

Herstellung und Verlag: BoD – Books on Demand, Norderstedt

ISBN: 9783752669398

Inhaltsverzeichnis

Wai Dan Gong

Die 20 „Übungen des äußeren Zinnobers"

sind eine alte Form des chinesischen Daoyin, des heutigen Qigong und gehen zurück bis auf die Tang-Dynastie(8./9. Jahrhundert nach Chr.) .
Angeblich sind diese Übungen in der folgenden Jahrhunderten nur noch an Mitglieder der kaiserlichen Familie weiter gegeben worden.

Diese Übungsreihe wirkt auf alle Systeme von Körper und Geist, alle Meridiane, alle inneren Organe, Muskeln und Sehnen, kräftigend und stärkend. In China sagt man ,dass man 100 Tage lang eine neue Übung durchführen soll um sie zu beherrschen und die Wirkung voll zu spüren. Die 100 Tage sind eine symbolische Zeitspanne die je nach Fähigkeit des Übenden länger oder kürzer sein kann.

Wai Dan Gong gilt als besonders wirkungsvolle Form des Qi Gong, da sie die Lebensenergie Qi intensiv im Körper mobilisiert und verteilt , so dass eine kräftigende, positive Wirkung bereits früh einsetzt. Bereits nach den ersten Übungen spürt man Kribbeln in den Händen, Armen und Beinen als Zeichen vermehrter Durchblutung und Versorgung. Die Endpunkte oder Anfangspunkte der Meridiane befinden sich an den Finger-und Zehenspitzen. Durch sanfte Dehnungen werden diese aktiviert. Es kommt zu Vibrationen die sich in Richtung des Körpers ausbreiten. Mit fortschreitender Übungsroutine ist dies immer stärker spürbar.

Wai Dan Gung ist vor allem in Taiwan, Malaysia, Indonesien, Singapur, auf den Philippinen, in Thailand und durch asiatische Auswanderer, auch in Amerika verbreitet.

Über den Autor

Hartmut von Czapski

Heilpraktiker seit 1984. Seit 1987 Ausübung der Akupunktur(Lehrerin Fr. Dr. Li Te, Chefärztin der Nankei Klinik). Mehrere Aufenthalte in China mit Fachfortbildungen.

1987 Wissenschaftliche Weiterbildung der Uni. Tübingen bestanden: „Ökologie und ihre biologischen Grundlagen".

Seit 1990 Seminare, Yoga und Qi Gong Kurse an verschiedenen V.H.S. der Umgebung. U.a. 25 Jahre Tätigkeit an der V.H.S. Wesel. Seit 1990 weit über 1000 Qi Gong Unterrichtsstunden abgehalten.

Qi Gong Lehrer 49009 des Mi Gong Rulai Buddhistisches Zentrum für Qi Gong, Shanghai.

Ausbildung zum Qi Gong Therapeuten durch Prof. Wu, Shanghai.

Vorträge auch für die Firma Vitorgan und auf der Medica in Düsseldorf über die Behandlung von Incontinenz mit T.C.M..

1999 Akupunktur-Fachfortbildung für Zahnärzte; Lehrertätigkeit an der HP Schule Dinslaken, Kurse über verschiedene Therapien(Homöopathie, Ausleitungsverfahren, FRZM, u.a.), auch Prüfungsvorbereitungskurse.

Unterrichtete Qi Gong Formen:

Medizinisches Qi Gong nach Prof.Wu.

Taiji-Qigong nach Li Ding.

Zehn Meditationen auf dem Berg WU DANG.

Die Achtzehnfache Methode der Übung.

Die „Bewegungen der 5 Tiere".

Qi Gong nach Guo Lin zur Immunstärkung.

Die „Acht eleganten Übungen. "

„Wai Dan Gong"

Tai Chi für Anfänger nach Dr. Jiang Hao-quan.

Und vieles mehr.

Qi Gong

Der Begriff „Qi Gong" umfasst verschiedene Arten von Übungen um das „Qi", die Lebensenergie, aufzunehmen und in den Energieleitbahnen, den so genannten „Meridianen", fließen zu lassen. Es ist eine Substanz, die man normalerweise nicht sehen und nicht tasten, aber fühlen kann. Die alten chin. Philosophen dachten, dass Qi eine Ursprungssubstanz ist, die beim Urknall entstand.

Nach der chin. Med. Auffassung ist Qi eine kontinuierlich bewegte und aktive Substanz, die Grundsubstanz, aus der Körper entstehen. Qi erhält die menschlichen Lebens-funktionen. Nach der Definition ist Qi im Qi Gong eine „Essenz"- Substanz im Körper mit einer bestimmten Energie. Qi kann im Körper gebildet, entwickelt, umgewandelt und bewegt werden. Die Atmung bewegt die Energie in den Meridianen. Aber auch nach langer Übung des Qi Gong kann man das Qi mit dem Geist im Körper bewegen und aufnehmen.

Diese Körper- und Atemübungen haben eine mindestens 4000 Jahre alte Tradition in China, wie man durch Beschreibungen auf Grabbeigaben feststellen konnte. Man unterscheidet die verschiedensten Arten von Übungen. Einerseits das weiche Qi Gong, dass viele meditative, auf der Vorstellungskraft beruhende Elemente enthält und oft im Sitzen oder Liegen durchgeführt wird. Andererseits kennen wir das harte Qi Gong, das auch die Muskulatur und die Sehnen stärkt und die inneren Organe massiert. Man denke z.B. an die Leistungen der Shaolin Mönche im Kung Fu oder an die akrobatischen Fähigkeiten der Schauspieler der Peking Oper. Doch Qi Gong Übungen stärken nicht nur den Körper, sondern beruhigen auch den Geist und regulieren das vegetative Nervensystem.

Eine besondere Form ist das therapeutische Qi Gong, das bestimmte Übungen bei bestimmten Erkrankungen vorschreibt. Wie jede empirische Wissenschaft wird Qi Gong auch immer weiterentwickelt. So wurden in den letzten Jahrzehnten z.B. bestimmte neue Übungen zur Krebsbekämpfung durch ihre guten Erfolge berühmt(Qi Gong nach Guo Lin zur Immunstärkung). Das Bluthochdruck-forschungsinstitut Shanghai hat bereits 1978 Arbeiten mit Berichten über Veränderungen veröffentlicht, die Qi Gong im EKG und EEG bewirkt. Es wurden weiterhin Arbeiten darüber veröffentlicht, dass unser sympathisches Nervensystem, das durch dauernden Stress überaktiv ist, durch Qi Gong eine Entspannung durch Überwiegen des Parasympathikus erreicht.

In China gibt es in vielen Krankenhäusern, neben der Abteilung für Schulmedizin eine Abteilung für traditionelle chinesische Medizin. Dazu gehört auch der Behandlungsraum für den Qi Gong Therapeuten. Hier werden dem Patienten nicht nur Übungen beigebracht die er zuhause regelmässig üben soll, der Therapeut führt dem Patienten auch Energie zu, die er selber aufgenommen hat.

Die Ausbildung zum Qi Gong Therapeuten ist normalerweise langwierig. Nach 5 Jahren Übung kann man Qi Gong Übungen lehren, nach 10 Jahren auch therapieren.

Herr von Czapski ist von Prof. Wu Zhong Hu zum Qi Gong Therapeuten ausgebildet worden.

Wichtige Energiezentren

<u>Hui Yen</u>, KG1. In der Mitte des Damms, zwischen Anus und Geschlecht.

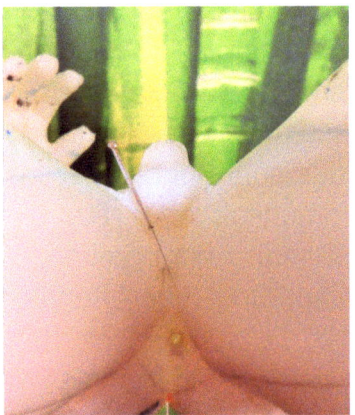

"Echtes" Dantian. Liegt zwischen Bauchnabel und Wirbelsäule.

<u>Unteres Dantian</u>, etwa 2 Querfinger breit unter dem Bauchnabel. Ca. auf Höhe des Akupunktur Punktes" Qi Hai", Meer der Energie.

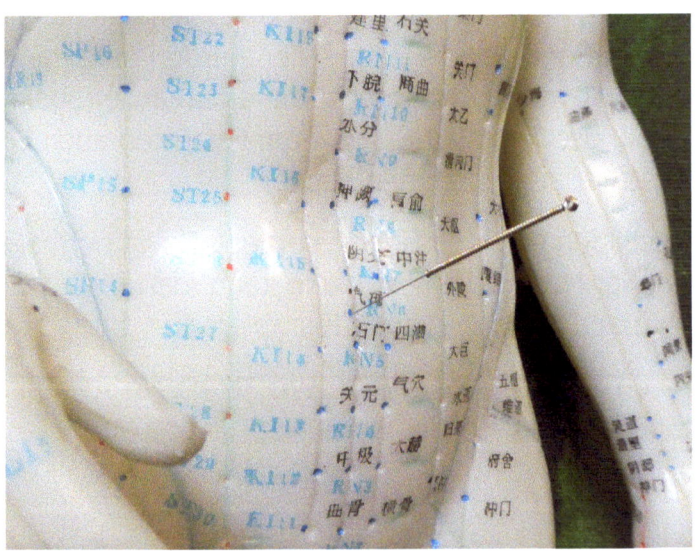

Mittleres Dantian, Herzzentrum.Tan Zhong. Auf Höhe einer Kuhle auf dem Brustbein, zwischen den Brustwarzen.

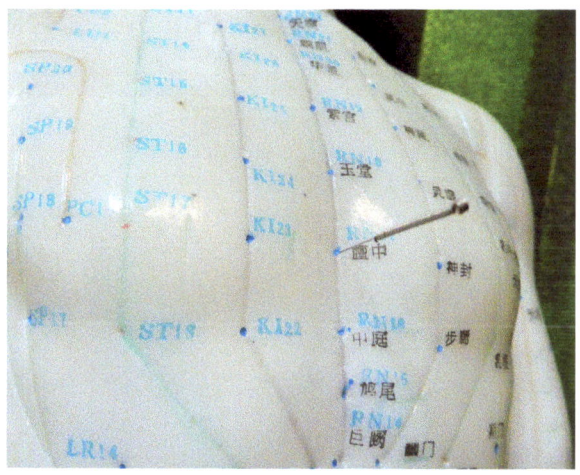

Oberes Dantian, Yintang. Zwischen den Augenbrauen, kurz über der Nasenwurzel.

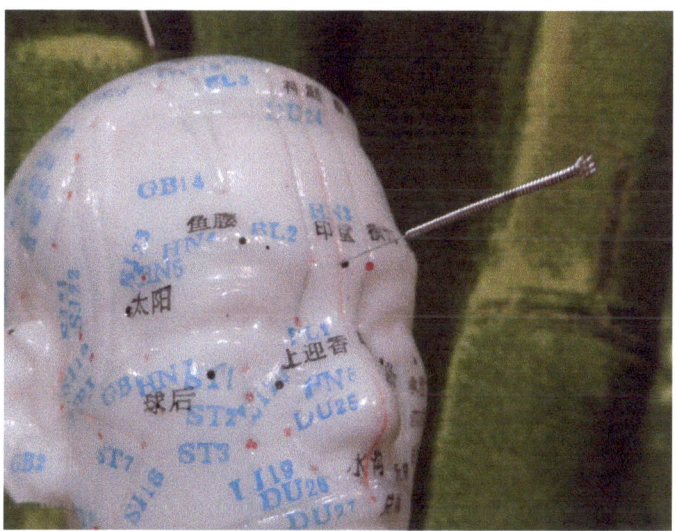

Energie Aufnahme und Abgabe Punkte

Yongchuan. Wenn wir die Zehen "in den Boden krallen" entsteht eine Kuhle unterhalb der Grundzehengelenke. Punkt Niere 1.

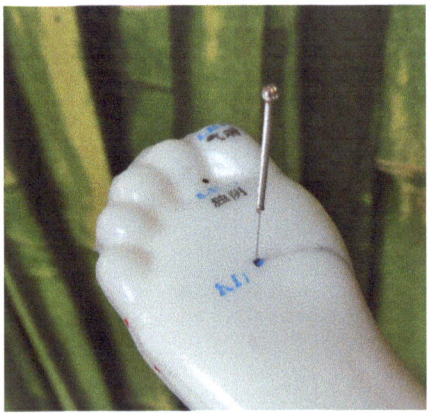

Laogong. Wenn wir die Fingerspitze des Ringfingers in die Handinnenfläche kippen, kommen wir zu diesem Punkt.

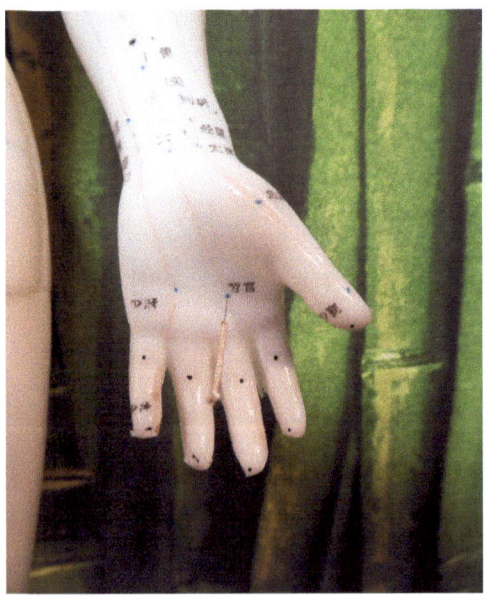

Grundstand

Füße schulterbreit und parallel hinstellen.

Knie etwas anwinkeln, aber nicht über die Fußspitzen hinaus.

Das Becken nach vorne unten kippen, sodass sich die Lendenwirbelsäule begradigt. Bei Menschen mit einem Hohlkreuz ist dies oft am Anfang schwierig, der Oberkörper neigt sich nach hinten. Dies sollte begradigt werden.

Die Wirbelsäule sollte so gerade wie möglich sein.

Das Kinn wird leicht gesenkt, die Halswirbelsäule wird gestreckt.

Alle Nervenimpulse können freier fließen.

Die Schultern zurücknehmen, dann die Arme locker hängen lassen. Die Schultern entspannen. Die Ellbogen leicht zur Seite bewegen. Dadurch entsteht etwas Platz in den Achselhöhlen.

Die Hände sind nicht gestreckt, locker, aber in den Handflächen leicht gespannt um Energie aufzunehmen. Leichte, unwillkürliche Bewegungen der Finger sind bei der Energieaufnahme ein gutes Zeichen.

Wir können uns vorstellen, dass die Füße, wie Wurzeln eines Baumes, in die Tiefe reichen. Der Oberkörper ist beweglich wie die Äste eines Baumes ohne die oben beschriebene Grundposition aufzugeben.

Versuchen Sie zur Ruhe zu kommen, die Natur und die Lebensenergie in ihr, in sich aufzunehmen. Dazu sollte die innere Geisteshaltung sein wie ein leerer weißer Raum.

Der Grundstand sollte vor und evtl. auch zwischen den Übungen für 1-2 Minuten eingenommen werden, um die Wirkung zu erspüren.

Im Grundstand atmen wir durch die Nase, während den Übungen atmen wir durch die Nase ein und durch den geöffneten Mund aus.

Da wir uns bei Qi Gong Übungen für das Qi der Umwelt öffnen, sollten wir nicht üben bei starkem Wind(erzeugt sog. „Windkrankheiten"), an einem reissenden Fluß(entreisst uns die Energie), vor einem Gewitter(setzt uns unter Spannung) oder bei Fieber(wird erhöht). Bei einer Koronaren Herzerkrankung in Absprache mit dem Lehrer üben.

1) Den Mond umarmen

Die Füße nebeneinander stellen. Die Füße nach außen drehen so das die Fuß Innenseiten nach vorne zeigen und in einer Linie stehen. Der Mund ist geschlossen, die Zunge liegt hinter der oberen Zahnreihe, dies schafft eine Verbindung zwischen 2 Meridianen, dem „Großen Governeur" (hintere Mittellinie) und dem „Kleinen Governeur"(vordere Mittellinie). Die Hände liegen unter dem Bauchnabel übereinander, die linke über der rechten, die Daumenspitzen berühren sich.

Kräftig einatmen und die Hände kreisförmig nach oben bewegen. Wir schauen nach oben. Die Energie steigt vom Dantian nach oben.

Wir bleiben für zwei/drei Sekunden in dieser Position bei voller Einatmung.

Durch den geöffneten Mund kräftig ausatmen und die Hände senken und wieder vor dem Unterbauch übereinander legen. Die Energie sinkt wieder ins Dantian.

3 x wiederholen.

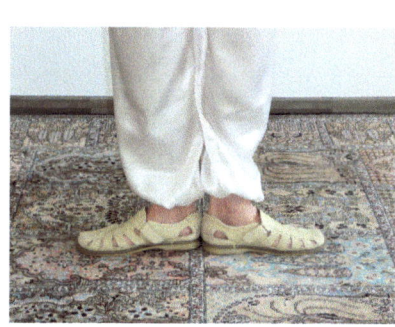

2) Den Kopf wenden

Die Füße nebeneinander stellen. Die Füße nach außen drehen so das die Fuß Innenseiten nach vorne zeigen und in einer Linie stehen.

Die Atmung ist ruhig und fliessend.

Wir heben beide Arme seitwärts waagrecht nach oben und strecken die Finger nach oben, Richtung Kopf, die Ellbogen bleiben gestreckt. Wir blicken auf den rechten Mittelfinger und zählen langsam bis 20.

Nach einiger Übung fühlen wir dort die Qi Energie mit einem Kribbeln oder Zittern.

Dann wenden wir den Blick auf den linken Mittelfinger und zählen auch dort langsam bis 20 und versuchen auch dort Qi zu fühlen.

3) Gehen auf dem Eis

Die Füße etwas mehr als schulterbreit stellen. Die Hände vor Dantian übereinander legen. Die rechte über die linke bei Männern, die linke über die rechte bei Frauen.

Mit dem kräftigem Einatmen den linken Fuß nach schräg vorne schieben , dabei den Fuß nicht abheben und auf den Zehenspitzen aufsetzen.

Gleichzeitig den Oberkörper von der Hüfte her leicht nach vorne beugen. Dabei drücken beide Hände auf den Bauch, die Energie steigt vom Dantian nach oben.

Mit dem Ausatmen den Fuß zurücksetzen, den Bauch locker lassen, den Oberkörper aufrichten, die Energie sinkt vom Rücken in den Unterbauch.

Die Übung auf der anderen Seite wiederholen.

3 mal die ganze Übung wiederholen.

4) Den Arm heben

Leichte Grätsche, beide Arme gerade nach vorne strecken, die Handflächen zueinander gewandt. Einatmen.

Beide Arme nach hinten werfen, auf die linke Hand schauen und mit offenem Mund ausatmen.

Einatmen und Hände wieder nach vorne führen.

3 mal wiederholen.

Beide Arme hochhalten und langsam bis 30 zählen. Dabei auf Kribbeln oder Bewegungen in den Finger achten. Die gleichen Bewegungen, mit Blick auf die rechte Seite, wiederholen.

5) Den Korb fassen

Weite Grätsche, leichte Hocke. Die Arme nach vorne richten, so als fasse man einen großen Korb. Die Ellbogen dabei nicht anheben. Die Fingerspitzen auf Sonnengeflechthöhe, unterhalb des Brustbeins.

Aus der Hüfte heraus den Oberkörper nach rechts und links drehen. Den Oberkörper gerade und entspannt halten.

Das Gewicht beibt in der Mitte, die Füße fest auf dem Boden.

Auf einer Seite einatmen, auf der anderen ausatmen.

9 mal wiederholen.

6) Den Rumpf beugen

Weite Grätsche. Lockere Fäuste. Daumen nach vorne.
Einatmen durch die Nase, nach vorne beugen und kräftig
durch den geöffneten Mund ausatmen. Linke, geöffnete Hand
zum linken Fuß, rechte Faust zum rechten Knie. Knie
durchgestreckt halten, Blick nach vorne. Beim Aufrichten
wieder einatmen. Auf der anderen Seite wiederholen. 3 x
rechts und 3 x links.

7) Reis ernten

Leichte Grätsche, lockere Fäuste, Daumen nach vorne gerichtet. Ausatmen, nach vorne beugen, Knie locker. Die Hände öffnen sich und berühren mit den Fingerspitzen die Oberseite der Füße. Dabei einatmen.

Den linken Fuß noch ein Stück nach links setzen und dann die linke Hand nach links, oben strecken. Handfläche nach außen richten. Der Oberkörper neigt sich nach links. Dabei ausatmen. Zum Schluß der Ausatmung die rechte Hand nach rechts unten strecken und damit den Körper wieder begradigen.

In die Ausgangsstellung zurück gehen und die Übung auf der anderen Seite wiederholen. 3 x links und 3 x rechts.

8) Den Rücken beugen

Leichte Grätsche, Knie locker, Becken nach vorne gekippt.

Lockere Fäuste. Ausatmen.

Mit dem tiefen Einatmen die Hände öffnen und in einem Kreisbogen nach vorne, oben und hinten führen. Den Oberkörper nach hinten beugen. Die Energie steigt vom Unterbauch(Dantian) nach oben. Auf die Hände schauen.

Mit dem Ausatmen durch den Mund die Hände bis zur Waagrechten nach vorne führen, den Oberkörper wieder gerade aufrichten.

Knie locker, entspannen. Die Energie sinkt wieder in den Unterbauch.

Mit dem nächsten Einatmen wieder nach hinten beugen, u.s.w..

3 x nach hinten beugen.

9) Entspannung suchen

Grundposition. Wir lassen die Atmung ruhig fließen.

Zuerst sich auf den Scheitel-Punkt „Bai Hui" konzentrieren. So als ob wir an einem seidenen Faden dort aufgehängt wären. Dann konzentrieren wir uns auf unsere Hände. Sie sind locker, bis auf die Mittelfinger. Sie strecken wir Richtung Boden.

Nach einer Weile verspüren wir ein Kribbeln, Zittern oder Schwingen in den Händen. Wenn sich das Schwingen in den Armen nicht von selbst einstellt, können wir sanft nachhelfen.

Das Qi steigt die Arme hoch und nach sehr viel Übung können wir das Qi dorthin lenken wo es gebraucht wird.

10) Wie die Schildkröte atmen

Die Schildkröte ist ein Symbol für langes Leben. Grundposition. Beide Hände auf den Punkt Dantian legen. Die Frauen die rechte Hand zuerst, Männer die linke Hand zuerst. Beide Handflächen übereinander. Das Kinn etwas vorstrecken. Mit dem Einatmen durch die Nase, den Oberkörper zurückbeugen, den Bauch etwas vorwölben (Bauchatmung), das Kinn zurückziehen, Blick nach vorne. Den Anus anziehen so das die Energie nach oben, von Hui Yin nach Bai Hui, steigt. Beim Ausatmen durch den geöffneten Mund, nach vorne beugen und Kinn nach vorne strecken. Den Anus dabei entspannen. Die Energie sinkt nach unten.

Einatmen und Ausatmen sollten gleich lang sein. Zählen Sie am Anfang jeweils bis 10 und verlängern die Atemphasen mit fortdauerndem Üben bis zu 20-30 Sekunden.

9 mal Ein-und Ausatmen.

Danach die Hände noch 1-2 Minuten auf Dantian belassen und in der Grundposition nachspüren.

11) Die Arme schwingen

Grundposition, aber etwas breiter und tiefer.

Mit der rechten Handkante auf den Punkt Di.4 „Hou Kou" 10 Sekunden drücken. Dann mit der linken Handkante auf den rechten Punkt zwischen Daumen und Zeigefinger drücken.

Einatmen und den Oberkörper nach vorne beugen, die Knie durchdrücken, die Arme an den Körperseiten nach hinten strecken, die Handflächen nach oben.

Ausatmen und die Arme nach vorne schwingen. Die Knie schwingen locker mit, der Oberkörper richtet sich auf.

9 mal vor und zurück.

Nochmal nach vorne beugen, die Arme am Körper, Handflächen nach oben. Dann die Hände 36 mal nach unten durchstrecken. Warten ob man ein Kribbeln oder schwingen in den Fingern, Händen oder Armen spürt. Dann nach vorne schwingen, aufrichten, Arme nach vorne ausstrecken, Handflächen nach unten. Dann 36 mal die Finger zum Körper strecken. Warten ob man ein Kribbeln oder Schwingen in den Fingern, Händen oder Armen spürt.

12) Mit den Flügeln schlagen

Grundposition. Zehen anheben. Beide Arme nach vorne strecken, Handflächen gegeneinander. Hände zu beiden Seiten ausstrecken, Handflächen nach oben. Schultern, so weit wie möglich, entspannt halten. Finger 36 mal nach unten strecken. Warten ob man ein Kribbeln oder Schwingen in den Fingern, Händen oder Armen spürt.

Man kann dem Schwingen der Arme auch etwas nachhelfen.

13) Faustkreisen

Grundposition. Normale Atmung. Beide Arme seitlich hochheben und die Fäuste vor die Ohren halten. Die Daumen sind in den Fäusten, die Faustinnenseite weist nach vorne.

Nun die Fäuste 36 mal kräftig zusammen ballen. Schultern und Oberarme bleiben entspannt.

Dann abwarten bis die Fäuste vor den Ohren anfangen zu kreisen. Man kann auch etwas nachhelfen, falls es nicht von allein passiert. Die Bewegung kann sich auch bis in die Arme fortpflanzen.

14) Ausgleich zwischen Himmel und Erde

Grundposition. Einen imaginären Ball vor den Körper halten, z.B. die rechte Hand auf Herzhöhe, nach unten gerichtet.

Die linke Hand auf Dantianhöhe, nach oben gerichtet.

 Wir heben nun die rechte Hand nach oben, der Blick folgt der Hand. Die Handfläche nach oben gerichtet, die Finger weisen zur Mitte.

Die linke Hand bewegt sich nach unten neben den Körper, Fingerspitzen nach vorne gerichtet. Beide Ellbogen möglichst durchstrecken.

Nun die obere Hand 36 mal zum Kopf hin durchstrecken, die untere Hand gleichzeitig 36 mal nach oben durchstrecken.

Danach den Blick wieder nach vorne richten. Warten ob man ein Kribbeln oder Schwingen in den Fingern, Händen oder Armen spürt.

Nun die gleiche Übung seitenverkehrt durchführen.

15) Die Arme kreuzen

Grundstand. Die Arme vor der Brust kreuzen. Die Handflächen weisen nach außen und befinden sich auf der Brustwarzen Senkrechte. Nun die Hände 36 mal durchstrecken. Dann die Spannung aus den Händen herausnehmen und auf leichte Bewegungen, oder Kribbeln, der Finger warten.

Dann die Arme wechseln und kreuzen und die Übung wiederholen.

16) Die Perle darbringen

Die Füße werden etwas breiter als schulterbreit aufgestellt.

Auf die Zehenspitzen stellen. Die Hände vor den Unterbauch legen, die Handflächen nach oben. Die Ellbogen etwas nach vorne schieben. Die Fingerspitzen weisen gegeneinander, auf Höhe des Energiezentrums Dantian. Den Kopf 3 mal nach rechts und nach links wenden. Beim Blick zur Seite einatmen, nach vorne ausatmen.

Dann die Finger 36 mal nach unten durchbiegen. Die Spannung aus den Händen herausnehmen und auf leichte Bewegungen, oder Kribbeln, der Finger warten. Wenn das am Anfang noch nicht von selbst geschieht, kann man etwas nachhelfen.

Die Hände von Dantian nach Tanzhong bewegen, dabei einatmen. Von Tanzhong nach Dantian senken und ausatmen. Die Schultern locker lassen. 9 mal. Die Füße senken, in den Grundstand zurückkehren.

Die Energie wird auf dem Meridian „Kleiner Gouverneur" auf und ab bewegt. Außerdem stärkt die Übung die Nieren- energie, unsere Hauptlebensenergie.

17) Den Rumpf drehen

Grundstand, dann die Füße etwas breiter als Schulterbreit hinstellen. Die Handflächen auf Höhe von Dantian nach unten richten. Die Fingerspitzen weisen gegeneinander mit 4 Finger breitem Abstand. Die Ellbogen etwas nach vorne schieben sodaß sich die Hände und Unterarme auf einer Linie befinden.
Die Hände 36 mal nach oben durchstrecken.
Dann das Becken bis zu 36 mal nach links und rechts drehen.
Oberkörper und Arme bleiben in der Position, werden nur durch die Bewegung des Beckens bewegt. Das Gewicht bleibt in der Mitte. In den Knien locker bleiben.
Nach vorne gerichtet, anhalten und sich auf die Finger konzentrieren. Auf leichte Bewegungen, oder Kribbeln, der Finger warten.
Die Energie wird auf dem Sondermeridian „Gürtelmeridian" bewegt. Er fördert die Energie der Bauchorgane und bewirkt einen Ausgleich von oben und unten.

18) Sich stärken

Grundposition, Füße etwas mehr als Schulterbreit stellen. Die Arme nach vorne oben bewegen. Die Handflächen nach vorne richten, nicht über Schulterhöhe. Die Hände zum Körper hin 36 mal durchstrecken, die Handflächen entspannt weiter nach vorne richten.

Die Zehen krallen sich leicht in den Boden. Den Grundstand immer wieder überprüfen, also Becken nach vorne unten gekippt, Knie locker, Schultern entspannen. Warten. Kribbeln oder unwillkürlichen Bewegungen können sich entlang der Arme oder entlang der Beine Richtung Körper ausbreiten. Die Punkte „Yongchuan" unter den Fußsohlen und „Laogong" in den Handflächen werden aktiviert.

19) Den Fuß schwingen

Beide Arme etwas seitlich vom Körper wegstrecken, Handflächen nach hinten richten. Zeigefinger, Mittelfinger und Ringfinger einklappen; Daumen und kleiner Finger strecken.

Gewicht auf das rechte Bein stellen, Knie durchdrücken, dass linke Bein schräg nach vorne strecken, die Fußspitze hängt in der Luft. Nun den Fuß zum Körper hin 36 mal durchstrecken. In dieser Stellung auf ein Kribbeln oder unwillkürliche Bewegungen des Fußes oder des Beines warten. Schultern locker lassen.

Dann das Bein schräg nach hinten strecken und wieder 36 mal den Fuß anziehen. In dieser Stellung auf ein Kribbeln oder unwillkürliche Bewegungen des Fußes oder des Beines warten.

Die Übung auf der anderen Seite wiederholen.

Die Energie fließt über das Bein und den Punkt „Hui Yin" in den Unterkörper und seine Organe. Es kann dort ein Wärmegefühl entstehen.

20) Wie der Kranich schreiten

Füße breiter als Schulterbreit stellen. Etwas in die Knie gehen. Die Arme seitlich etwas anheben. Handfläche nach hinten gerichtet, Zeige-und Mittelfinger strecken.

Ein Bein anheben, vom Knie abwärts locker lassen, einatmen, Anus anspannen.

Schritt nach vorne, Fuß, sanft wie eine Feder, aufsetzen, ausatmen und dabei Anus entspannen.

7 Schritte nach vorne.

7 Schritte nach hinten, dabei die Hände umdrehen, also Handflächen nach vorne richten.

3 mal nach vorne und hinten schreiten.

Zum Schluß mindestens 2 Minuten in der Grundposition verharren. Dann etwas umhergehen und Arme und Beine lockern.

Qi Gong Bücher von Hartmut von Czapski
Qi Gong im Sitzen
ISBN 9783750424692 Engl.ISBN: 9783750431409
In diesem Buch werden 34 Qi Gong Übungen beschrieben die im Sitzen durchgeführt werden. Von einfachen Bewegungsübungen zu Tuina Massage Übungen, Atemübungen und Konzentrationübungen. Diese Übungen verbessern die Energieaufnahme, stärken die Selbstheilungskräfte und bewirken einen Ausgleich des vegetativen Nervensystems. Sie fördern die Konzentrationsfähigkeit und innere Ruhe. Sie wirken positiv auf die Verdauungsorgane, die Muskulatur, die Sehnen, Gelenke und die Wirbelsäule . Die erhöhte Sauerstoffaufnahme stärkt das Herz und die Lungen.
Es eignet sich sehr gut als Übungsbuch für die Arbeitsmedizin, für Altenheime, als Abschluss für jeden Qi Gong Kurs oder einfach für zwischendurch für alle Büro- oder Computerarbeiter.
Die vielen Fotos und die klare Beschreibung machen es leicht die Übungen nachzuvollziehen.
Taiji Qi Gong
ISBN 9783749469413 Engl.ISBN:9783752820072
In diesem Buch werden 22 Taiji Qi Gong Übungen beschrieben. Diese Übungen verbessern die Energie-aufnahme, stärken die Selbstheilungskräfte und bewirken einen Ausgleich des vegetativen Nerven-systems.Sie fördern die Konzentrationsfähigkeit und innere Ruhe. Sie wirken positiv auf die

Verdauungsorgane, die Muskulatur, die Sehnen, Gelenke und die Wirbelsäule. Die erhöhte Sauerstoffaufnahme stärkt das Herz und die Lungen.

Qi Gong Standübungen

ISBN 9783744809665 Engl.ISBN: 9783751907323

In diesem Buch werden 23 Qi Gong Standübungen beschrieben.Diese Übungen verbessern die Energieaufnahme, stärken die Selbstheilungskräfte und bewirken einen Ausgleich des vegetativen Nervensystems. Sie fördern die Konzentrations-fähigkeit und innere Ruhe. Sie stärken die Muskulatur und die Sehnen. Die Standpositionen der 5 Tiere(Affe, Hirsch, Bär, Tiger, Kranich) sind auch für Kinder gut geeignet.

Medizinisches Qi Gong nach Prof. Wu

ISBN 9783744829427 Engl.ISBN: 9783751904575

In diesem Buch werden Übungen gezeigt die u.a. bei folgenden Beschwerdebildern eine ausgezeichnete Wirkung zeigen: bei hohem und niedrigen Blutdruck, Magen- und Darmbeschwerden, Lungenproblemen, Schlaflosigkeit, Nervosität, Konzentrationsschwäche, Energielosigkeit, Rückenschmerzen und übermässigem Stress. Bei regelmässiger und ausdauernder Übung des Qi Gong kann der Praktizierende seinen Gesundheitszustand verbessern und innere Ruhe und Entspannung finden. Da die Übungen mit unterschiedlichem Kraftaufwand durchgeführt werden können, eignen sie sich auch für ältere, geschwächte Menschen.

Tai Hu See Qi Gong
ISBN: 9783750494091 Engl. ISBN: 9783751916479
Diese Übungsreihe hat ihren Ursprung in der
Songdynastie. In der Umgebung des Tai Hu Sees
wurden diese Übungen entwickelt und später
modifiziert.
Die Energieaufnahme wird angeregt, die Muskulatur
gestärkt, die Beweglichkeit verbessert, die
Durchblutung der inneren Organe und die
Sauerstoffaufnahme werden verstärkt. Die Imitation
der Tierbewegungen und der Bewegungen eines
Seebewohners regen die Phantasie von Kindern an
und sorgen auch für Heiterkeit bei Erwachsenen.
Man braucht nicht die ganze Übungsreihe zu vollziehen,
man kann sich auch einzelne Übungen herausnehmen für
sein tägliches Übungsprogramm.

Jedes Buch kostet 12,-€. Die Bücher sind in jedem
Buchhandel oder im Internet bei Amazon oder bei
www.bod.de erhältlich. Dort ist auch eine kleine
Vorschau möglich. Jedes Buch kostet 12,-€. Auch als
e-book erhältlich.